CATULLE MENDÈS

LE
CRIME
DU VIEUX BLAS

Portrait en taille douce

H. K.

BRUXELLES

Henry Kistemaeckers, Éditeur

Tous droits absolument réservés.

MDCCCLXXXII

LE CRIME

DU

VIEUX BLAS

CATULLE MENDÈS

LE CRIME

DU VIEUX BLAS

Portrait en taille douce

H. K.

BRUXELLES
HENRY KISTEMAECKERS, Éditeur
Tous droits absolument réservés.

MDCCCLXXXII

LE CRIME

DU

VIEUX BLAS

I

Le vieux Blas et le petit Blas.

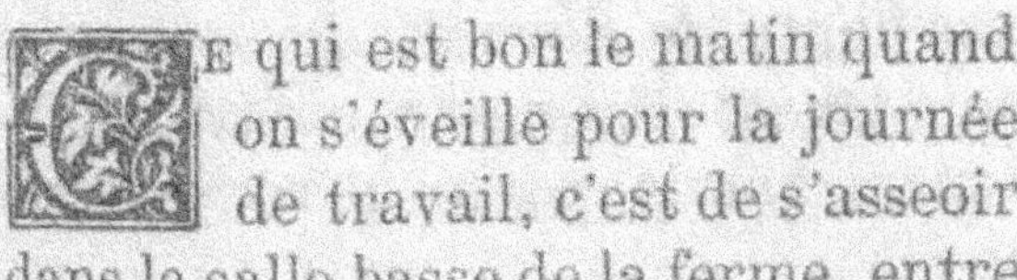

E qui est bon le matin quand on s'éveille pour la journée de travail, c'est de s'asseoir dans la salle basse de la ferme, entre les cuivres que le jour nouveau fait reluire, devant la table de sapin bien lavée, et là, de manger, pesamment accoudé, de longues émincées de pain noir, trempées dans le bon lait qui mousse au rebord de la jatte.

Vingt-neuf ans, forts bras nus et gorge de nourrice, face rosâtre à la peau pleine sous la cotonnade rouge de la coiffe basquaise, la Cadije se campa au bas de l'escalier, et cria, les poings sur les hanches :

— Dieu vivant ! sont-ils sourds, ceux de la-haut ? Hé, le père ! Hé, l'homme ! Hé, le petit ! N'avez-vous pas honte de dormir, après que je suis levée? Est-ce la mode maintenant que la poule chante avant les coqs ?

Une ferme de bon rapport et bien plaisante à l'œil, — deux arpents, pas une acre de plus, mais deux arpents de grasse terre, clos d'une haie épaisse, — une ferme où, sous les pommiers régulièrement espacés, caquètent dans le gazon, nasillent dans la mare, gloussent dans le trou à fumier, poulettes et poulets, canes et canards, dindes et dindons, c'est de quoi suffire à l'ambition d'une fermière; et la Cadije se jugeait heureuse entre ses arbres fruitiers et ses bêtes; allant, venant du matin au soir, travaillant comme pas une, contente, familière aux gens, pas toujours « commode » d'ailleurs, car il faut bien jordonner quelquefois pour se faire obéir des animaux et des personnes.

Il y a dans notre pays basque, entre les versants rocheux, non loin de quelque gave qui roule, tonne et mousse, beaucoup de ces plaines fécondes où l'herbe pousse bien, où les branches s'alourdissent de fruits; les hauteurs les gardent du vent, le torrent calmé s'y prolonge en rivière ou s'y étale en lac; toute une Normandie, avec ses pommiers et ses grasses prairies, se ramasse dans un vallon.

Cependant, l'escalier raide en bois blanc, où la Cadije, pour ne pas demeurer inoccupée, lançait à pleine écuelle une eau claire qui rejaillissait, ruisselait, s'égouttait, craqua sourdement sous des pieds qui descendent; le vieux Blas apparut, tenant le petit Blas par la main.

L'un était le père, l'autre était l'enfant de la Cadije. Aïeux et petits-fils s'accommodent de se tenir par la main ; ils finissent par être presque de même taille, l'enfance se haussant toujours, le grand âge se courbant de plus en plus. Le vieux Blas avait soixante et onze ans ; le petit Blas en avait six.

Une large face, toute rouge, aux rides égales et fermes, de courts cheveux blancs, une barbe blanche, drue et presque rase, de petits yeux jaunes, un peu clignotants, comme fatigués d'avoir vu trop de jours, tel était le vieillard. Un peu gros, les membres forts, il portait la veste courte, en drap épais, des Basques de la plaine et le béret marron dont une oreille

énorme, couleur de sang, soulevait
le rebord.

On a été, on ne peut plus être.
Beau mâle et des plus galants du
temps qu'il y avait de belles filles —
car, aux yeux des anciens, les jeunes
d'à présent sont moins jolies, comme
s'ils projetaient sur elles quelque
chose de leur ombre, — le vieux
Blas, qui n'avait pas eu son pareil
pour attaquer le taureau et pour
lancer la balle, sentait bien que
son temps était passé; il avait des
lourdeurs, des raideurs dans ses
membres autrefois si prestes, et sa
tête, qu'il portait penchée vers
l'épaule gauche, branlait un peu,
c'est vrai; même il avait cessé d'avoir
l'esprit rapide et tout à fait lucide;
il lui arrivait de ne pas se rap-

peler une chose qu'on lui avait
racontée la veille, et aussi de ne pas
reconnaître, quand ils revenaient au
pays, des camarades avec lesquels il
avait vidé plus d'une bouteille jadis
devant les troënes de quelque caba-
ret. Mais bah! il en savait encore
assez pour conter, après un pot de
cidre, quelque bon conte qui fait
rire ; il faisait encore ses quatre
lieues sans buter et sans avoir besoin
de bâton.

Il ne voulait qu'un bâton : son
petit-fils. Cela soutenait le vieux
Blas de soutenir le petit Blas.

Celui-ci, c'était l'enfant monta-
gnard, robuste et sain. Par le lait
d'une mère forte, par le sobre manger, par l'air libre qui vivifie les
poumons, il avait crû, s'était solidi-

fié, avait durci; la belle virilité future était visible dans cette enfance.

Joli d'ailleurs, puisqu'il était petit, il avait l'air étourdi, un peu hagard, qui questionne, qui va comprendre, qui s'inquiète quelquefois, d'une inquiétude sans chagrin; et c'était la meilleure joie du vieux Blas de baiser la jeune face épanouie, un peu hâlée déjà, où descendaient par boucles des cheveux noirs qui s'ébouriffent, et les clairs yeux bleus comme un lac des montagnes, que le petit Blas avait.

Derrière eux, venait l'homme, le mari de la Cadije, le père de l'enfant, Antonin Perdigut. Trente ans, le visage sérieux comme l'ont d'ordinaire les hommes de la vallée dans ces pays de montagnes, il marchait d'un pas mesuré, sans hâte, mais sans hésitation, d'un pas de laboureur.

La Cadije, à pleine bouche, embrassa ses trois hommes, plus ardemment le mari, plus gravement l'aïeul, plus doucement le petit.

Ils s'assirent autour de la table, dans la salle basse, et mangèrent en silence.

Le repas du matin, ce n'est pas l'heure des propos ni des rires. Ses forces, son activité, il faut les réserver pour le travail de la journée, n'en rien laisser perdre en menus badinages. Le soir, après la besogne, on peut se divertir ; quand on a payé sa dette, il est permis d'être prodigue.

D'ailleurs, on avait dormi tard ce jour-là dans la ferme, et c'était la saison des semailles ; il fallait qu'Antonin Perdigut se hâtât d'aller aux champs, sa sacoche de graines à l'épaule.

Quant au grand père, il avait un emploi sur une voie ferrée qui passait aux environs ; besogne aisée, peu fatigante, à laquelle un enfant aurait suffi, qu'on avait confiée à ce vieillard.

Donc, sans se parler, paisibles, ils mouillaient de longues tranches de pain de seigle dans la blancheur un peu bleuâtre du lait.

Autour d'eux, le rose encore gris de la matinée, entrant par les basses fenêtres, faisait se lever peu à peu l'ombre pendante le long des murs, et cette noirceur déjà éclaircie montait lentement, devenait de moins en moins sombre, comme si des voiles de crèpes avaient été tirés d'en haut, s'étaient l'un après l'autre évanouis. Les faïences du buffet accusaient leurs formes, ébauchaient leurs teintes vives ; il y avait dans la rondeur vermeille des casseroles des mouvements de flammes qui semblaient le reflet d'un invisible fourneau; et, sur les carreaux rouges, des bandes longues, pâles, à peine lumineuses, étaient comme de grands rayons de lune qui seraient restés endormis là.

Au dehors sonnait le réveil de la ferme dans les piaillements d'oiseaux, dans le remuement des branches, dans les mugissements de l'étable, dans tous les bruits mêlés des bêtes familières, et dans le frais passage du vent clair.

Le vieux Blas ayant vidé sa jatte, dont les dernières gouttes de lait coulèrent sur sa barbe blanche, parla d'un air timide :

— Ce qui serait très bien, ce serait de laisser venir le petit avec moi, là-bas, près du pont, pour s'amuser. Je dis : pour m'amuser aussi. Un train qui passe après un train, toute la journée, ce n'est pas gai ; je m'ennuie enfin à regarder l'eau qui coule. Les nouveaux réjouissent les anciens ; ils mettent de la gaieté dans les vieux esprits et de la lumière dans les vieux regards. L'autre jour, il a plu toute la journée, mais Blas était avec moi,

et en revenant j'ai dit comme une
bête : « Quel beau soleil il fait aujourd'hui! » Puis, c'est très bon pour
l'enfant de respirer l'air du bord de
l'eau et de jouer dans les fleurs
autour de la maisonnette en bois.

— C'est donc, dit la Cadije en se
levant, que l'air n'est pas bon à la
ferme et qu'il n'y a pas de fleurs
dans le jardin? L'enfant restera à
la maison avec moi et mes bêtes.
S'il veut se distraire, il ira gauler
les oies dans le chemin autour de la
haie. On est petit, cela ne fait rien :
il faut commencer à se rendre utile.
Pour sûr, je ne le laisserai pas aller
avec vous. Les trains qui passent,
c'est effrayant, et je n'aime pas qu'il
joue au bord de l'eau ; d'autant qu'il
y a sur le bord de votre rivière du

sable très dangereux, où l'on glisse, et des pierres qui roulent dès qu'on y met le pied.

L'enfant ne fit aucune objection d'abord à la volonté maternelle, parce qu'il achevait de boire son lait; mais dès qu'il eût léché du bout de la langue le fond de la jatte vide, il se prit à pleurnicher d'un air fort désespéré en se fourrant les pouces dans les yeux.

— Bon, bon! reprit la Cadije; ce que j'ai dit est dit. Tu veux aller avec ton grand-père, parce qu'il te raconte des histoires, parce qu'il te laisse courir partout, parce qu'il te gâte, enfin! je ne veux pas qu'on te gâte, moi. L'autre jour tu es revenu dans un bel état, parlons-en. Tout en sueur, la blouse en loques, des épines dans les cheveux; j'ai passé plus d'une heure à repriser ta culotte. Quand on ne sait pas veiller sur les enfants, on ne demande pas à les emmener avec soi.

Mais le petit Blas pleurnichait toujours et le vieux Blas lui-même avait quelque chose d'humide, qui allait être une larme, dans ses vieux yeux jaunes tout clignotants.

Antonin Perdigut s'interposa, fit remarquer « qu'une fois n'est pas coutume », et qu'on pouvait bien laisser aller aujourd'hui, par extraordinaire, le petit avec le vieux.

La Cadije rechigna, grognona, dit cent paroles, finit par consentir en haussant les épaules.

—Au moins vous serez sages, tous les deux?

Et quand ils eurent promis de ne pas courir sur la voie, de ne pas s'approcher trop près de la rivière et surtout de faire attention quand les trains passeraient, la mère ajouta :

—Oui, oui, je donne la permission, mais c'est la dernière fois.

Ils partirent bien conseillés, bien embrassés. Ce fut d'un pas grave, pour montrer combien ils étaient sages en effet, qu'ils traversèrent la cour de la ferme et qu'après avoir poussé la grille de bois, ils longèrent la haie, assez basse à cet endroit, par-dessus laquelle on pouvait encore les voir.

Mais dès qu'ils eurent dépassé la haie, dès que personne, de la ferme,

ne pût plus les apercevoir, ah !
Dieu vivant ! ce fut tout autre chose.

Le petit Blas dégagea sa main,
prit sa course, revint, sauta les fos-
sés, grimpa aux arbres, perdit son
béret dans les branches, déchira sa
culotte à l'écorce ; et toute la lumière
éparse du matin jouait autour de
lui, avec lui, sur la route claire,
parmi les branches éveillées, dans
la jeune fraîcheur de l'espace ; pendant que, derrière, un peu loin, le
vieux Blas, qui suivait avec une
allure sautillante, antique enfant
qui aurait voulu jouer aussi, répé-
tait dans sa barbe blanche :

— A la bonne heure, c'est cela,
la mère ne nous voit plus, dégourdis-
toi, mon garçon !

II

Le pont de fer et de bois.

Le jeune courant, le vieux riant, ils arrivèrent au bord de l'eau, devant le pont.

La rivière étroite et profonde, où glissent des radeaux chargés de sapins, où passent de petits voiliers qui érigent très haut leur unique mât, coule rapidement entre la berge sablonneuse et le mont de granit noir, à pic, que défonce, plus sombre encore, l'ouverture d'un tunnel ; c'est dans ce trou de la montagne que les trains s'engouf-

frent après avoir passé le petit pont
de fer et de bois, qui est comme un
trait-d'union entre la rive de sable
et la rive de pierre.

Le lieu solitaire et nu paraît
quelque peu morne à cause de la
haute montagne noire.

Mais le jour, tout à fait levé,
blanchissait, dorait les plaines où
les fermes çà et là faisaient des
îles de verdure, et dans la fraîcheur
de l'air bleu, les buées du matin,
montant toujours, s'éparpillaient,
toutes floches, par écharpes déchi-
rées.

En ce moment, le tablier du pont
se dressait, perpendiculaire. Tout
d'abord, le vieux Blas alla s'assurer
que la rosée de la nuit n'avait pas
rouillé les cordages de métal, que

la manivelle obéissait docilement à
la poussée de la main ; car c'était
son office de faire se lever le pont,
quand des radeaux ou des voiliers
descendaient le cours de la rivière,
et de le faire s'abaisser pour le passage des trains, chaque fois que le
signal lui en était donné par un
bruit de sonnette électrique et plus
tard par le sifflet de la locomotive.

Mais le petit Blas ne se souciait
guère du pont, de la manivelle et
des trains ; son devoir, à lui, c'était
de se rouler dans l'herbe autour de
la baraque en planches que le grand-
père avait construite au bord de
l'eau pour se mettre à l'abri quand
viendraient les pluies d'automne.

Elle était jolie, la maisonnette,
qu'une vigne vierge vêtissait de

verdures grimpantes, et où les passereaux venaient boire des gouttes de rosée dans la coupe inclinée un peu des volubilis qui tremblent.

Un jardin l'entourait de ses petites allées bordées de buis, toutes petites — comme si le vieillard eût voulu que l'enfant seul s'y promenât, — et de ses plants de floraisons très basses, œillets des Indes, tulipes, pensées, que le petit Blas pouvait regarder fièrement de son haut. Mais au milieu, un soleil, très épanoui, à la tige d'or vert, se haussait pompeusement, comme le tambour major des fleurs.

Toutes choses mises en ordre dans la mécanique du pont, le grand-père s'en vint, sans faire de bruit, sur la pointe des pieds ; et,

brusquement, après un saut, il prit
dans ses deux grosses mains la tête
de l'enfant qui se retourna ébou-
riffé, sauvage, ravi.

— Ah! je te tiens! Oui, je te
tiens, mais je te lâche. On attrape
les oiseaux et on les garde un instant
pour qu'ils aient plus de plaisir,
après, quand ils s'envolent. Tu sais,
petit! les pierres servent à faire des
ricochets sur l'eau, les fleurs ne
sont là que pour être cueillies, et
je te défends de ne pas marcher sur
les plates-bandes. Voilà comment
j'élève les enfants! Ces petits anges-
là ont le droit d'être des diables.

Et le grand père ajouta :

— Là-bas, dans ce bouquet d'arbres, j'ai découvert un nid de lo-
riots; nous irons le chercher tout

à l'heure, quand le train aura
passé.

Or, le petit Blas s'était avisé d'une
chose : il cueillait des marguerites
et les jetait une à une à la figure du
bon homme ; les tiges se prenaient
aux poils blancs du menton ; de
sorte que le vieux Blas avait une
barbe de fleurs.

Ceci le charma. Il s'assit devant
la cabane, fit grimper l'enfant
sur ses genoux ; et, par représail-
les, il lui chatouillait le nez avec
les pétales des marguerites pendantes.

Tout cela parmi des rires, avec de
petits cris, près des floraisons épa-
nouies, sous des envolées d'oiseaux,
dans la bonne lumière qui paraissait
plus claire et plus dorée, là, autour

de ce grand-père et de ce petit enfant.

Celui-ci, devenant sérieux, dit tout à coup :

— J'ai assez joué ; maintenant, une histoire.

C'était là que le vieux Blas attendait le petit Blas ! L'enfant ne manquait jamais de l'embrasser après quelque beau récit plein de géants et de fées : le plaisir d'un bon baiser vaut bien la peine de dire un conte.

Mais depuis longtemps, toutes les histoires, le grand-père les avait dites : le Petit Poucet après la Barbe-Bleue, et la Belle aux cheveux d'or aussi. Même il avait acheté d'un colporteur un gros livre où le marchand affirmait qu'il y avait beaucoup de contes tous très jolis.

Il se trouva que le livre était un
« Essai sur l'établissement des comp-
toirs français au Mississipi ». Le
petit Blas avait réclamé quelque
chose de plus amusant.

Alors, sa mémoire étant vidée et
sa bibliothèque inutile, le grand-
père, pour être bien embrassé, fut
obligé de devenir poète. La nuit, il
ne dormait pas, afin d'imaginer des
aventures de princesses et de fées,
qu'il racontait le lendemain près de
la maisonnette en bois.

— Oui, dit-il, une histoire, une
histoire si belle que les petits bour-
geois des villes n'en ont jamais
entendu de pareille.

— Comment s'appelle-t-elle?

— C'est l' « Histoire du petit
garçon qui n'avait pas d'oreilles

et d'un chien noir qui fumait sa pipe. »

— Oh! dit l'enfant.

— Tu verras, dit le grand-père.

Et le petit Blas, s'étant assis sur le sable caillouteux, leva sa jolie tête brune, où riaient des boucles folles, pendant que le vieux Blas commençait gravement, un peu inquiet d'ailleurs, car le conte était fort compliqué; et il n'était pas bien sûr d'en avoir trouvé le dénouement.

III

Histoire du petit garçon qui n'avait pas d'oreilles et d'un chien noir qui fumait sa pipe.

— Il arriva une fois....

— Où ça?

— Dans un pays. Il arriva une fois qu'il y avait un homme et une femme — des paysans comme nous, mais bien plus malheureux, — un homme et une femme à qui jamais il n'était rien arrivé que de n'avoir pas de pain pour souper avant d'aller dormir.

— Mais de la soupe?

— Pas même de soupière, parce que le chat l'avait cassée. Donc ils étaient tout à fait pauvres, et ce qui les rendait encore plus tristes, c'est que leur fils était un enfant qui n'avait pas d'oreilles.

— Alors, il n'entendait pas?

— Si fait.

— Par où donc?

— Par le nez, peut-être, ou par les yeux. L'histoire ne donne pas d'explication là-dessus.

Le petit Blas réfléchit et dit :

— Ce n'est pas bien amusant, cette histoire-là.

— Ce n'est que le commencement. Tu verras tout à l'heure. Or, l'enfant qui n'avait pas d'oreilles et qui entendait très bien, entendit un jour le père raconter à la mère que,

dans une montagne de ce pays-là, il
y avait une grotte où un enchanteur
très riche avait caché beaucoup d'or
et d'argent, et que, par la permission de l'enchanteur, le trésor ap-
partiendrait à celui qui aurait le
courage d'aller le chercher à travers mille dangers.

— Un enchanteur?

— Comme dans la Princesse
Bleue.

— Ah! oui.

— Guignonet, c'était ainsi qu'on
appelait le jeune garçon, Guignonet
pensa: « Je voudrais bien aller dans
la montagne chercher l'argent et
l'or de l'enchanteur, parce que le
père et la mère, quand nous serions
riches, n'auraient plus besoin de
travailler comme ils font et ne se

coucheraient plus sans souper. »
C'était, comme tu vois, un bon cœur
que l'enfant sans oreilles ; il résolut
de partir pour la montagne, tout
seul, sans rien dire à personne,
parce qu'il voulait faire une sur-
prise à ses parents quand il revien-
drait avec le trésor.

Ce qui aurait pu le faire hésiter,
c'est qu'à l'ordinaire il n'avait pas
beaucoup de chance dans ce qu'il
entreprenait. Quand il avait fait
quelque chose de très bien, les
choses tournaient fort souvent de
façon qu'il avait l'air d'avoir fait
quelque chose de très mal ; et il était
puni de ses meilleures intentions.

Il y a des gens comme lui dans la
vie, à qui rien ne réussit et qui sont
toujours accusés à tort.

Ainsi, un jour, ayant vu un pauvre sur le chemin, il lui fit l'aumône, quoique bien pauvre lui-même, d'un petit sou qu'on lui avait donné. Eh bien, tu crois que le mendiant lui dit : Merci? Pas du tout, il lui jeta le sou à la figure et cria, en montrant les poings : « C'est très vilain de tromper le pauvre monde! Le bon Dieu vous punira. »

— Pourquoi donc le mendiant disait-il cela?

— Le sou était faux. Mais ce n'était pas la faute de Guignonet, puisqu'on le lui avait donné. Une autre fois, il entendit une poule qui criait dans l'étable, qui criait, qui criait! il eut pitié, sauta du lit — car c'était avant le matin,

— et s'en alla porter secours à la pauvre bête. Il la vit dans une espèce de panier rond où elle criait de plus belle comme pour demander qu'on vint à son aide. Guignonet la caressa : elle se plaignait toujours. Alors, il se dit : « Il faut croire qu'il y a dans le panier quelque méchante bête qui la mord sous les plumes. » Il aimait à rendre service, il saisit le panier, le remua, le secoua dans l'intention de faire sortir la poule, qui, de cette façon, aurait été délivrée. La poule s'enfuit en effet, effarouchée, les ailes toutes battantes ; mais sais-tu ce qui tomba par terre, du panier ? douze beaux œufs. Et tous les œufs furent cassés. Et tu penses si Guignonet fut grondé par ses parents qui avaient laissé les œufs dans le panier pour que la poule eût l'idée de les couver. Pourtant le petit garçon sans oreilles avait cru être utile à la poule.

Et tiens ! à propos de ses oreilles, il faut que je te dise comment il les avait perdues ; car enfin, il n'était pas né comme cela.

C'était une fois au coin d'un bois. Guignonet avait déjà huit ans. Il rencontre un gros chien tout noir, assis sur son derrière, et qui fumait sa pipe tranquillement.

— Qui fumait sa pipe ?

— Oui ; dans la contrée où habitait Guignonet, on rencontre assez souvent des chiens qui fument leur pipe en se promenant dans les rues ou sur le chemin ; dans notre pays ils sont beaucoup plus rares. Enfin,

le chien que Guignonet rencontra,
fumait sa pipe tranquillement, ou
plutôt non, il ne la fumait pas. Mais
ce n'était pas sa faute : elle venait
de s'éteindre. Guignonet s'approcha
et dit au chien noir : « Monsieur le
chien, si vous voulez, j'irai jusqu'au
village vous chercher des allumettes?» C'était aimable, cela, c'était
poli. Bon! le chien se dressa sur ses
pattes de derrière, aboya d'un air
furieux, se jeta sur Guignonet, et,
de deux coups de mâchoires, lui en-
leva les deux oreilles. Après quoi, il
prit sa course à travers les fou-
gères et disparut tout à fait.

— Avec les oreilles de Guignonet ?

— Avec les oreilles.

— Dis, grand-père, dans l'histoire, est-ce qu'on les lui rendra, plus tard ?

— Ça, je ne peux pas te le dire encore. Qui entendra, saura. Tu comprends que toutes ces mésaventures avaient rendu Guignonet un peu timide ; mais, n'importe, le désir de se dévouer était plus fort que la crainte d'être maltraité, et une nuit, quand tout le monde fut endormi dans la chaumière, il se leva à petit bruit, sortit, ses chaussures à la main, et, sans avoir peur, bien qu'il fît très sombre sur les routes, il s'en alla du côté de la montagne.

Or, cette montagne était toute noire, comme celle qui est là devant nous ; il n'y avait pas de chemin pour la monter et d'ailleurs Guignonet ne savait pas dans quel endroit se trouvait la grotte; de sorte qu'il était très embarrassé et qu'il fut sur le point de revenir à la maison. Mais il arriva qu'un gros corbeau vint voler sur la tête du petit garçon; en volant, il croassait, d'une manière qui n'avait rien de terrible ni d'effrayant : on aurait dit, au contraire, que cet oiseau tout noir avait de bonnes intentions, voulait donner de bons avis à l'enfant sans oreilles.

Guignonet le regarda. Il lui sembla qu'il avait déjà vu cette grosse tête toute pointue, qui tenait dans son bec une petite branche de sapin.

Non, il ne l'avait jamais vu, mais le corbeau, avec sa branche de sapin au bec, lui rappelait un peu le chien noir qui fumait sa pipe.

A cause de cette ressemblance, l'enfant voulut s'en aller, craignant pour ses yeux et pour son nez, puisqu'il n'avait plus d'oreilles.

Le corbeau voletant toujours, lui dit : « Guignonet, il ne faut pas se décourager. Le pauvre à qui tu as donné un sou t'a dit des injures, tu as été grondé pour avoir voulu porter secours à la poule qui criait et le chien noir t'a volé tes oreilles parce que tu lui avais offert d'aller chercher des allumettes pour allumer sa pipe ; beaucoup d'autres choses te sont arrivées où tu n'as pas eu de chance du tout, et c'est pourquoi on t'appelle Guignonet. Mais, tôt ou tard, le bien qu'on a fait produit la récompense, comme la graine devient le blé, comme le gland devient le chêne. Sois toujours un bon petit garçon, prêt à te sacrifier pour les autres, et ne t'inquiète pas du reste. Pour le moment, assieds-toi entre mes deux ailes, je te porterai du côté de la grotte où l'enchanteur a caché son trésor. » Après avoir parlé ainsi, le corbeau se posa sur la terre, toutes les plumes étendues ; c'était un oiseau si grand, que Guignonet, qui était très petit et très maigre parce qu'il ne mangeait guère, put facilement trouver place entre les deux larges ailes.

Le corbeau s'envola. Guignonet n'avait pas peur : il pensait au plaisir qu'éprouveraient ses parents lorsqu'il leur apporterait le trésor de la montagne.

Quand il fut arrivé plus haut que

la plus haute cîme, le corbeau
s'abattit parmi un tas de broussail-
les, dans une espèce de crevasse qui
était très noire et tout à fait terrible, tant on y voyait briller de ci et
de là des yeux affreux de chouettes
et d'effraies.

Guignonet mit pied à terre en
disant : « Merci, monsieur le corbeau ; je vous prie maintenant de
m'indiquer le chemin qui conduit
à la grotte. » Mais l'oiseau n'était
plus un oiseau ! il avait changé très
vite et il était devenu un vieux
nain tout noir qui regardait Guignonet avec un mauvais rire, et
qui avait une pipe à la bouche.
Guignonet pensa encore au vilain
chien qui lui avait volé les
oreilles. Cependant il ne se trou-

bla pas. « Monsieur le nain, dit-il,
voulez-vous m'indiquer la route qui
mène à la grotte de l'enchanteur? »
Alors ce fut effrayant. Le nain avec
un grand bâton et les effraies avec
leurs becs, se mirent à frapper, à
piquer, à maltraiter de toutes les
façons, le petit garçon sans oreilles. « Va-t-en, voleur! tu n'as pas le
droit de prendre de l'argent qui ne
t'appartient pas! Et qu'est-ce que
tu ferais avec le trésor de la montagne? Tu t'achèterais des billes pour
jouer dans les rues au lieu d'aller
à l'école. » Guignonet répondait:
« On peut prendre l'argent, puisqu'il n'appartient à personne; puisque l'enchanteur l'a réservé au plus
courageux des hommes. Et je vous
assure que ce n'est pas pour acheter

des billes que je veux l'avoir; mais c'est pour que mes parents n'aillent plus se coucher sans souper et puissent faire l'aumône aux vagabonds qui passent dans la campagne. » C'étaient des paroles inutiles. Les vilaines bêtes et le méchant nain ne cessaient pas de houspiller le petit garçon; tout roué de coups de bâton, tout saignant de coups de bec, il dégringola sur les pierres de la crevasse jusque dans un grand trou qui s'ouvrait là.

Un autre eût renoncé à son entreprise à cause des injustices qu'on lui faisait; Guignonet ne perdit pas courage pour si peu, et il ne songeait qu'à rendre service à ses père et mère.

Dans ce trou où il était tombé, il

4.

y avait beaucoup d'obscurité et, dans cette obscurité une espèce de bête plus noire encore qui avait l'air d'un loup ; ce loup avait entre les dents un os qu'il était en train de ronger, tout blanc, qu'on aurait pris pour une grosse pipe.

Le loup lui dit : « Sors de chez moi, petit misérable ! Je suis le gardien du trésor qui est là, sous une pierre, et je ne te permettrai pas de le prendre. » Mais Guignonet se jeta courageusement sur le loup, et il trouva tant de force dans son désir d'être utile, qu'il renversa la bête, souleva la pierre qui cachait le trésor, et alors, au lieu de l'argent et de l'or qu'il croyait trouver là, il vit dans une petite cassette ouverte un nombre infini de pierreries si belles qu'une seule aurait suffi pour faire la fortune de plusieurs rois !

Pendant qu'il s'emparait de la précieuse boîte, si lourde qu'il avait un peu de peine à la soulever, le loup s'était relevé, et, maintenant, le mordait aux mollets et au derrière ; mais Guignonet résistait à la douleur, ne prenait pas garde à ces dents qui lui déchiraient la peau ; il s'imaginait le contentement de sa mère lorsqu'elle aurait de belles robes comme les dames de la ville et qu'elle pourrait distribuer de la soupe tous les jours aux mendiants qui passent.

C'était un petit garçon comme cela. Il lui était égal de souffrir, pourvu que les autres fussent très heureux.

Cependant, poursuivi par le loup
qui ne lui lâchait pas les culottes, il
chercha un chemin dans les brous-
sailles, pour revenir au bas de la
montagne et de là s'en retourner à
la maison. Il trouva un petit sen-
tier très rapide et très dur qui des-
cendait. Mais dans l'ombre tout
autour de lui il y avait une foule de
créatures, des hommes, des bêtes,
qui allaient, venaient, rôdaient,
criaient de toutes leurs forces :
« Voilà un petit garçon qui à commis un grand crime »; et des oiseaux
le suivaient à travers les branches
en sifflant : « Au voleur ! au voleur ! »

Il était bien triste, Guignonet,
parce qu'il craignait qu'on ne le
tuât; triste surtout de voir que

tout le monde le jugeait si mal.

Quand il fut dans la plaine, il crut
qu'il était hors de danger et que
personne ne lui dirait plus de mauvaises paroles ; il se voyait déjà
réveillant le père et la mère dans la
pauvre chaumine « Voici le trésor
caché par l'enchanteur dans la grotte
de la montagne et qui était réservé
au plus courageux. Je l'ai trouvé et
je vous l'apporte ; réjouissez-vous,
mangez, buvez et partagez avec
tout le monde la fortune que j'ai
acquise au péril de ma vie. » Les
choses ne devaient pas se passer
aussi bien que l'espérait l'enfant sans
oreilles ! Il vit venir de son côté, sur
la grand'route, trois gendarmes très
grands, et comme la lune s'était
levée, on distinguait très bien l'acier

de leurs sabres qui reluisaient et leurs blanches buffletteries. Mais ce qu'il y avait d'extraordinaire dans ces trois hommes, c'est qu'ils avaient tous trois sous leurs bicornes de grands museaux de chiens et que, malgré cela, ils fumaient leurs pipes tranquillement....

Le vieux Blas en était là de son histoire, lorsque le petit bruit de la sonnette électrique appela son attention. Le premier train ne tarderait pas à passer : c'était le moment de baisser le pont qui joignait l'un à l'autre les deux bords de la rivière.

Il allait se lever, le petit Blas le retint.

— Alors, grand'père, les gendarmes, c'étaient des chiens ?

— Des chiens véritables, répondit le vieux Blas.

Et comme il savait que le train n'arriverait pas avant un quart d'heure, comme il suffisait de quelques minutes pour baisser le pont au moyen de la manivelle, il continua :

— Du moins, ils avaient l'air d'être des chiens véritables, mais, tu sais, dans les histoires, les personnes ne sont pas toujours ce qu'elles paraissent être. Le fait est que les gendarmes, dès qu'ils aperçurent Guignonet, coururent à lui en poussant des cris et lui prirent sa cassette et lui dirent : « C'est toi qui as volé les voyageurs au coin du bois ! » L'enfant sans oreilles avait beau leur répondre : « Vous

vous trompez, je viens de la montagne ; je rapporte à mes parents
le trésor qui appartient au plus
brave, » ils ne voulaient rien entendre ; ils lui mirent des menottes
aux mains, et, en l'injuriant, en lui
donnant des coups, ils le conduisi-
rent à la prison de la ville. Là, il
fut mis dans un cachot tout noir,
où il y avait beaucoup de rats qui
trottinaient. Toute la ville s'était
réveillée. Il entendait du fond de
son trou les gens rassemblés autour
de la prison causer entre eux et
dire : « Ah ! ah ! on l'a pris, le petit
voleur. Qui donc aurait pensé que
Guignonet, avec son air si honnête,
était un garnement de cette espèce ! » Lui, tout seul, il pleurait,
sentant bien qu'il n'avait pas voulu

faire de mal, et qu'il n'en avait pas fait.......

Le vieux Blas se leva. Deux coups de sifflet avaient déchiré l'air et l'on voyait déjà là-bas une fumée noirâtre tourbillonnante.

Il courut vers le pont pendant que l'enfant jouait avec les cailloux de l'allée, et il se mit à tourner la manivelle.

Il entendait derrière lui, assez loin encore, souffler, grincer, cracher, la lourde locomotive que suivait une longue file de wagons. Le train qui venait était un train express ; si le vieux Blas s'était retourné, il aurait pu voir des têtes de voyageurs qui se penchaient en dehors des portières pour regarder la haute montagne où ils allaient entrer.

Le tablier du pont, s'abaissant lourdement, avait déjà décrit le tiers à peu près de sa descente aérienne. Le vieux Blas ne se pressait point trop; il avait le temps; tout était bien.

Tout à coup, un cri.

Oh! il reconnut la voix : c'était la voix du petit Blas.

En jouant au bord de la rivière, sur le sable et les cailloux, l'enfant avait glissé, avait roulé, était tombé dans l'eau.

Dieu vivant! il vit son petit-fils, son amour, son extase, disparaître dans le courant.

Oh! le vieux Blas avait soixante et onze ans, mais le vieux Blas était robuste. Un fort nageur, c'était lui. Il lâcha la manivelle! Il allait s'élancer : il rattraperait son enfant, dont la tête venait de paraître, là, plus loin.

Mais le train maintenant était tout proche. Si le vieux Blas ne se hâtait pas de baisser tout à fait le pont, la locomotive se heurterait contre le tablier solide, et ce serait un effrayant désastre, les voitures saccagées, et des blessés et des morts.

L'enfant reparut encore, toujours plus loin, appelant, élevant les bras !

Que fit le grand-père ?

Il reprit la manivelle entre ses deux fortes mains. Bientôt le tablier du pont eut rejoint la rive opposée ; et la locomotive, les wagons, roulant avec un bruit de foudre, s'engouffrèrent dans le tunnel, disparurent, ne furent plus qu'un fracas lointain qui ébranlait la montagne.

Le train avait passé, l'enfant s'était noyé.

Le vieux Blas, avec des yeux de fou , regardait la rivière qui avait emporté le petit Blas.

IV

Après le devoir accompli

Il resta là, stupide, considérant l'eau profonde et la fuite du courant.

Oh! son petit Blas s'était noyé, son petit Blas était mort!

Deux choses le bourrelaient : l'impossibilité de cela et la réalité de cela.

Comment! il ne verrait plus cette jolie face gaie, ces clairs yeux bleus où riait le soleil? Les cris de joie pour une bête à bon dieu saisie dans le gazon ou pour un oiseau poursuivi, il ne les entendrait plus, jamais plus, jamais plus, lui, pauvre vieil homme naguère extasié !

Oh ! il allait courir le long de la rivière, il dépasserait le petit corps emporté par l'eau, se précipiterait, le prendrait entre ses bras !

Non, la rivière avait sur lui une trop grande avance ; les cadavres vont vite dans le courant, les petits cadavres surtout, qui sont très légers.

Puis il fallait qu'il restât où il était pour veiller sur la voie, pour faire les signaux convenus ; il fallait qu'il demeurât à son poste, puisqu'il était une espèce de soldat ; il n'aurait même pas la consolation de revoir, arrêté par quelque tronc d'arbre, ou pris entre des herbes, le corps pâli de son petit-fils.

— Ai-je bien fait de baisser le pont? Si j'avais lâché la manivelle sans m'inquiéter du train, si je m'étais jeté dans la rivière tout de suite, j'aurais tiré de l'eau mon pauvre cher enfant. Les wagons se seraient heurtés, brisés dans un affreux pêle-mêle contre le tablier de fer et de bois ; les voyageurs auraient péri en grand nombre, écrasés, déchirés, sanglants ; mais qu'est-ce que cela me fait, le mal des autres et leurs malédictions ? Un grand-père doit d'abord sauver son petit-fils, j'ai eu tort de faire mon devoir.

Il disait cela dans sa douleur, mais il lui semblait pourtant qu'il avait eu raison. Il n'avait pas dû hésiter entre la vie de son enfant et celles de tant d'hommes et de femmes.

Oui. Mais c'était horrible tout de même. Et il était désespéré. Et il défaillait dans son désespoir.

Il gagna la petite maisonnette environnée de fleurs, regarda les étroites allées qu'il avait tracées pour les promenades de l'enfant, se laissant choir à terre, touchant avec ses vieilles mains la place encore visible où l'enfant s'était assis tout à l'heure pour écouter une histoire. Puis, comme il lui restait encore dans sa barbe blanche quelques-unes des marguerites que le petit Blas lui avait jetées, le vieux Blas, soulevant sa barbe, les respirait, les baisait avec des sanglots qui lui soulevaient tout le corps.

V

Le vieux Blas manque de courage

Le soleil couchant refléta ses rougeurs dans le granit de la montagne ; ce fut comme un incendie dans le fond d'un miroir noir ; puis l'ombre peu à peu monta et il se fit un grand silence obscur, où le vieux Blas n'entendait plus que le bruit sinistre de l'eau.

C'était l'heure : il fallait rentrer à la ferme. Rentrer seul, sans le petit. Dieu vivant ! qu'allait dire la mère ?

Il avait pris un bâton dans la cabane; il avait besoin d'un bâton, maintenant.

Comme ils étaient gais les soupers, naguère, au retour, après la besogne finie! On vidait parfois un pot de cidre, et le petit, à qui le grand-père avait passé sous la table les meilleurs morceaux de son assiette, s'endormait enfin sur sa chaise haute, content, repu, avec de grasses joues.

Hélas! le souper de ce soir!

Le vieux marchait lentement, comme quelqu'un qui ne voudrait pas avancer. Il s'arrêtait quelquefois contre un arbre, ne voulait pas aller plus loin, et se déchirait la face à l'écorce, en pleurant un reste amer de larmes.

Annoncer la chose à la Cadije! et

au père! Comment? avec quelles
paroles?

Le cri de la mère, quand il lui dirait : « Le petit Blas est noyé, » ce
cri aigu et terrible, il l'avait déjà
dans les oreilles ! Antonin Perdigut
lui apparaissait dans l'ouverture de
la porte, entendant la nouvelle.

Et non-seulement il verrait san-
gloter sa fille et son gendre pâlir ;
non-seulement il redoutait leur poi-
gnant désespoir, mais il prévoyait,
comme une angoisse suprême, leurs
reproches.

Il le comprenait bien : une mère
et un père ne peuvent pas entrer
dans ces considérations qu'on doit
songer aux autres avant de songer
aux siens et à soi-même. « Il fallait
sauver le petit, s'écrierait la Cadije,

et laisser mourir tous ces gens que nous ne connaissons pas ! » Oui, la Cadije dirait cela, et l'aïeul, vieil esprit troublé où la catastrophe avait augmenté le désordre, pensait que sa fille aurait peut-être raison de parler ainsi.

Heroïque par instinct, momentanément, il n'était pas bien sûr à présent d'avoir fait ce qu'il fallait faire ; et peut-être lui-même, si la Cadije, un soir, en rentrant à la ferme, lui avait dit : « Tu sais, j'ai sacrifié le petit pour sauver un tas de gens », peut-être aurait-il crié : « Tu es une mauvaise mère ! »

Tout cela l'accablait. Il avait la tête basse, les épaules courbées comme quelqu'un qui porte de très

lourds fardeaux. Il aurait voulu que
la ferme fût très loin, à dix lieues,
à vingt lieues, ou qu'il y eût entre
elle et lui une grande montagne à
pic, qu'on ne pût pas gravir.

Si lentement que l'on marche,
on arrive. C'était la nuit tout à
fait ; il longea la haie, se faisant
petit pour ne point être aperçu. Il
se souvint qu'il avait passé là au
point du jour, joyeusement. Et il
était si faible qu'il eut à peine la
force de pousser la grille de bois : il
recula tout effrayé au bruit de chaîne
que fit le chien dans la niche.

Il s'avança vers l'autre côté de la
cour. La porte de la salle, grande
ouverte, laissait voir la table bien
éclairée où fumait la soupe du soir.

La Cadije parut sur le seuil.

— Hé! vieux! dit-elle avec un bon rire, qu'avez-vous fait de vos jambes de vingt ans? L'homme est déjà rentré. J'ai vidé la marmite dans la soupière; les choux avec le lard, ce n'est bon que quand c'est chaud. Dépêchez-vous, vieux Blas! j'ai monté un pot de cidre pour vous égayer les idées.

Il s'approchait d'une allure timide, qui hésite, avec l'air d'un chien qu'on va battre.

Dans la salle, Antonin Perdigut venait de s'asseoir devant la table, et inclinait la tête pour flairer la bonne odeur des choux.

— Assez causé! cria-t-il joyeusement; on crève de faim ici.

Ce calme, pareil à celui de tous les soirs, ce retour, semblable aux autres retours, épouvantait le vieux Blas. Ah! comme tout cela allait changer, comme ils cesseraient de rire, comme ils allaient ne plus avoir faim!

La mère demanda :

— Mais, dites donc, où est le petit ?

Voilà, le moment était venu ; il n'y avait plus à retarder l'aveu. Il fallait répondre : « le petit est noyé ! »

Il leva la tête, bouche béante, œil stupide ; il considérait, comme on regarderait la mort si elle se dressait tout à coup devant vous, la forte et fraîche Cadije, heureuse, au rire franc.

Enfin, il baissa le front et bégaya dans sa barbe :

— L'enfant est là, derrière la

haie, il a marché plus lentement, à cause d'un nid que nous avons trouvé. C'est la vérité, c'est la vraie vérité. Attendez-nous un instant, il est là, derrière la haie, je vais le chercher.

— Hé! Blas! appela la mère.

— Non, non, reprit-il, tremblant de tous ses membres; il ne ... n'obéirait pas, il croirait qu'on veut le gronder, parce qu'il est en retard. Je vous dis que je vais le chercher moi-même. Ne vous impatientez pas, mettez-vous à table.

Alors le vieux Blas s'en retourna, dépassa la grille, la referma.

Quand il fut seul, hors de la ferme, il se dit :

— Non, vraiment, non, je n'ose pas, je ne peux pas !

Et brusquement, sans autre pensée que de ne pas dire l'affreuse
parole, que de ne pas voir sa fille dé-
sespérée, que de ne pas entendre la
malédiction de son gendre, il se mit
à courir, à travers plaine, dans les
ténèbres, dans le vent, pareil à
quelqu'un qui a commis un crime
ou à une bête prise tout à coup de
folie.

VI

Méchanceté des gens

Il ne revint pas. Il traversa la plaine, monta la montagne, de nuit, dormit plein de cauchemars sous une pierre avancée, et dès le réveil s'enfuit encore, jugeant qu'il ne serait jamais assez loin. Jamais assez loin de l'horrible rivière qui lui avait pris son petit-fils et de la ferme là-bas, si heureuse, où maintenant on devait pleurer.

En traversant un village, il mangea n'importe quoi, n'importe où, grâce à quelques sous qu'il avait dans la poche de sa veste.

Les gens se défiaient de lui, parce qu'il était très pâle, regardait en arrière toujours, comme quelqu'un qui a peur d'être suivi ; une femme qui semait de la luzerne le voyant se mettre à courir tout à coup quand il eut dépassé la dernière maison de la bourgade, se dit en elle-même : « On dirait que ce vieux-là vient de faire un mauvais coup. »

Le lendemain, il arriva dans un autre vallon où personne ne le connaissait — car les montagnes, dans le pays basque, sont des espèces de frontières qu'on franchit rarement, —et comme il lui restait une dizaine de sous à peine, il demanda à un cantonnier qui cassait des pierres sur la route, s'il n'y aurait pas moyen d'en casser aussi pour gagner, tant bien que mal, sa vie.

Il n'inspirait pas de confiance à cause de l'air farouche qu'il avait maintenant; cependant le cantonnier· répondit :

— Un emploi comme le mien, cela ne s'obtient pas en un jour. Il faut des protections dans le gouvernement. Je vous conseille de chercher un autre métier. Tenez, si vous êtes un brave homme — ne vous offensez pas de ce que je dis, tous les gens qui passent ne sont pas d'honnêtes gens, — vous ferez bien d'aller à la scierie, oui, à cette baraque en bois que vous voyez d'ici au fond de la vallée, près du ruiseau. Le patron a besoin d'ouvriers, et quoique vous n'ayez pas l'air bien solide, il vous louera peut-être pour surveiller le moulin ou pour quelque autre besogne pas trop fatigante.

Il suivit ce conseil, s'en alla du côté de la scierie, demanda à voir le maître de l'établissement, s'offrit et fut accepté ; mais on fit d'abord quelques difficultés, parce qu'il n'avait pas de papiers et qu'il n'avait pas bonne mine.

On ne se soucie pàs d'accueillir des vagabonds qui viennent on ne sait d'où, qui sortent du bagne, peut-être. Le patron se dit :

— J'aurai l'œil sur ce vieux-là.

Des jours, des semaines passèrent. Le travail qui lui avait été confié, c'était de racler avec un couteau les palettes de la roue du moulin, pour qu'il n'y séjournât pas de pierres ni de sable. D'abord ce métier-là lui fut très pénible, à cause du bruit de la rivière tout autour de lui, qui lui faisait horreur ; mais il se résigna. Très vieux, très courbé, il promenait son couteau sur les planchettes, avec l'air de songer à autre chose, ne songeant peut-être à rien.

La mort de son petit-fils l'avait tué à demi. Il n'était pas bien sûr de vivre encore. Peu d'idées nettes, l'esprit trouble et obscur. Ces pensées à peine : que le petit Blas était dans l'eau, que c'était vrai, que tout était fini, et que maintenant, dans la ferme, sa fille et son gendre, qui devaient avoir tout appris, le maudissaient en pleurant ;

et il était comme assoupi dans l'inertie de sa douleur.

Étant ainsi, il ne s'apercevait pas des regards que lui jetaient en-dessous les autres ouvriers. A l'heure du repas commun, personne ne lui parlait; mais comme sans doute il n'eût pas entendu si on lui avait adressé la parole, il ne prenait pas garde à ce méchant silence; il ne savait pas non plus qu'il courait sur lui des histoires.

On disait que ce vieux-là avait peut-être plus d'argent qu'il n'en laissait voir. Il arrive souvent qu'un voleur, après avoir dévalisé des passants, fait semblant de travailler et d'être pauvre pendant un temps, afin de ne pas éveiller les soupçons. Des gens même soupçonnaient qu'il avait bien pu assassiner quelqu'un pour le dépouiller plus sûrement; parce qu'un soir, assis au bord de l'eau, et la regardant couler d'un œil morne, il avait été surpris répétant à voix basse : « Ah! mon Dieu! mon Dieu! mon pauvre Blas, je l'ai tué. »

Tous ces dires eurent pour résultat que le maître de la scierie jugea bon de prendre des informations.

Les colporteurs qui vont de vallée en vallée savent beaucoup de choses, et se gardent bien de se taire.

De sorte qu'un beau jour, le patron fit venir le vieux Blas, et comme c'était un homme sévère, il lui dit dûrement, avec une mauvaise figure :

— Vous savez, vieux, il faut vous
en aller d'ici.

Blas, stupéfait, s'écria :

— M'en aller ! Pourquoi ?

— Ne faites pas semblant de ne
pas comprendre, répliqua le patron.
On connaît votre histoire.

— Eh bien ? dit le vieux.

— Eh bien ! dit le patron, il est
possible que vous n'ayez pas tué le
petit ; non, je ne dis pas que vous
l'ayez tué. Mais, enfin, vous êtes
parti avec lui, vous étiez seuls tous
les deux, l'enfant n'est pas revenu,
et vous avez pris la fuite sans rien
dire aux parents.

Le vieux Blas fondit en larmes.

Ah ! Dieu ! Voilà ce qu'on croyait !
il avait tué Blas, son petit Blas, l'enfant pour qui il se serait arraché un à

un tous les poils de la barbe, pour qui
il serait mort vingt fois de suite, si
la chose avait été possible, qui
était toute sa vie, toute sa joie, tout
son amusement !

Il voulut expliquer les choses.
Mais cette histoire du pont qui
se lève et qui se baisse ne paraissait pas claire ; un enfant qui
tombe dans l'eau au moment où
le train passe, c'est bien invraisem-
blable. Comment supposer, d'ailleurs, que ce pauvre homme, cam-
pagnard, sachant lire à peine, avait
eu le parfait héroïsme de sacrifier
son petit-fils pour le salut de quelques voyageurs inconnus? Il aurait
fallu l'estimer si grand qu'il était
plus simple de le juger coupable.
Lui-même, qui avait commis une

action sublime, sans l'analyser, naturellement, parce qu'il lui semblait qu'il devait faire cela, il ne se rendait pas bien compte du sentiment qui l'avait poussé ; et il ne trouvait pas de paroles pour s'expliquer, s'embrouillait, avait presque honte.

Le patron dit :

— Tout est possible, ne discutons pas. Ce n'est pas moi qui vous chasse. Tous mes ouvriers me quitteraient si je ne vous renvoyais pas. Tenez, les voici, parlez-leur, ils ne vous cacheront pas leur idée.

Les ouvriers entraient deux à deux dans l'atelier de bois, ayant sur l'épaule de longues planches qui fléchissent.

Ils se groupèrent, se consultèrent à voix basse ; enfin ce furent de

toutes parts des paroles comme cel-
les-ci, avec des gestes, en tumulte :

— Oui, oui, il faut que le vieux
s'en aille. Nous n'en voulons plus
parmi nous. C'est ennuyeux de travailler avec quelqu'un qui a tué un
enfant, de s'asseoir à côté de lui à
table. Rien qu'à lui regarder les
mains, on frissonne. Il a une figure,
d'ailleurs, qui dit bien ce qu'il est.
Allons, tire tes grègues, vieux, et
qu'on ne te voie plus dans notre
endroit, ou l'un de nous, Dieu
vivant! te fera ton affaire.

Sous ces injustes colères, devant ces menaces, le vieux Blas
courba le front comme s'il eût été
criminel en effet, poussa la porte
avec des mains tremblantes, et s'en
alla, pauvre vieil homme admirable;

quand il eut commencé de monter
la côte au fond de la vallée, il vit,
en tournant la tête, tous les ouvriers
groupés devant la scierie qui l'in-
juriaient encore avec des cris qu'il
n'entendait plus et qui lui mon-
traient des poings furieux.

7.

VII

Cruauté des choses

Il s'enfonça dans une ravine du
mont, vieux lit de torrent, sec en
cette saison ; les pierres, sous ses
pieds lourds, roulaient en lui faisant
du mal.

Quoi ! le petit Blas avait péri en
l'appelant, en lui tendant les bras ; il
avait dû quitter, lui, la bonne ferme
où riait sa vieillesse heureuse, et ce
n'était pas assez ! Maintenant on
l'accusait d'un crime, et parce qu'il
avait été honnête on le croyait in-
fâme ?

Tout ceci lui semblait cruel ; il souffrait d'autant plus que, dans sa conscience obscure, la certitude du bien accompli n'était pas assez nette pour qu'il pût, grâce à l'orgueil, se consoler de l'injustice.

Un esprit ferme se fût redressé, certain de sa grandeur. Lui, humble intelligence, il se courbait, avait quelquefois l'idée qu'il avait eu tort, puisque tout le monde lui donnait tort.

Où irait-il à présent ? On le renvoyait de là, on le renverrait de partout. Retourner à la ferme ? Oh ! il n'oserait jamais. Comme elle devait lui en vouloir, la Cadije, comme il devait le détester, Antonin Perdigut, puisque des gens qui n'étaient ni la mère ni le père du petit le haïssaient si furieusement. S'en aller, c'était ce qu'il fallait; mais s'en aller sans savoir où, quand on a le cœur gros de chagrin et les yeux pleins de larmes, quand on est vieux, quand on va avoir faim, quand on va avoir sommeil, c'est une chose bien terrible, vraiment, et, sans se révolter, bon et soumis, il ne pouvait s'empêcher de trouver pourtant que tout le monde était bien acharné contre lui, triste vieux.

Il montait toujours, écartant les branches de sapin qui lui déchiraient la face, lui arrachaient la barbe; maltraité par les choses comme par les hommes, il pensa qu'il ressemblait un peu au petit Guignonet de l'histoire, toujours puni, bien qu'il ne fît jamais rien de mauvais.

La journée lui parut longue ;
ses vieilles jambes étaient fati-
guées de gravir lentement, mais
sans relâche, la ravine pierreuse.

Quand le soir vint, il n'avait ni
bu ni mangé ; il n'en pouvait plus,
il se laissa tomber sur une pierre,
contre un tronc de sapin. Il resta
là, les mains pendantes entre les
jambes, stupidement désolé.

Autour de lui s'entassaient les
blocs de granit, énormes, dans
le hasard des chutes immémoriales ;
de furieux jets de sombre verdure
sortaient d'entre les roches ; et sous
le grand ciel où s'amoncelaient des
nuages, la sauvage hauteur se hé-
rissait noire et verte.

Tout à coup, avec l'impétuosité
d'un déchaînement, une rafale se-

coua les arbres, émut les grands
rocs, s'engouffra dans un tourbil-
lon de branches et de pierres.

Ces brusques bourrasques sont
fréquentes dans les monts pyré-
néens : le voyageur à peine a vu
l'éclair qu'il est déjà enveloppé par
la tourmente.

Les nuages, en se heurtant, ton-
nèrent : de leurs flancs crevés se
précipita l'averse que la rafale tor-
dait ou aplatissait en larges flaques
sur les parois des roches.

Troncs rompus qui roulent avec
des échevèlements de feuillages,
pans de granit qui se détachent,
bondissent et retentissent, ce fut
tout une suite d'écroulements so-
nores sous la poussée torrentielle du
vent.

Et la tourmente avait emporté le vieux Blas, de pierre en pierre, d'arbre en arbre, parmi cette descente tumultueuse de toutes les choses; les mains sanglantes, le crâne rompu, comme traîné sur une immense claie, il ne s'arrêta qu'au fond de la chute, dans l'abîme. Les pierres en l'achevant s'amassaient sur son corps, qui était presque un cadavre, comme si le ciel, par morceaux, lui jetait une tombe.

VIII

Fin de l'histoire du petit garçon qui n'avait pas d'oreilles et d'un chien noir qui fumait sa pipe.

Sous un amoncellement toujours croissant de pierres qui écrasent et déchirent, il se mourait, tout sanglant. Et il avait à chaque point de son corps une douleur atroce.

Alors, prêt à rendre son âme jusqu'alors résignée, ce vieil homme se révolta.

Non, il n'avait point fait de mal! et il était affreux que le hasard d'abord, et les hommes après le ha-

sard et la nature après les hommes,
se fussent acharnés de la sorte contre lui. La plaine l'avait chassé dans
la montagne et voici que la montagne le chassait dans la mort. Eh
bien! c'était qu'il n'y avait pas
de justice, c'était qu'il n'y avait pas
de bon Dieu. Qu'est-ce qu'on avait à
lui reprocher? Rien. Il ne fallait
donc pas le faire souffrir; il ne fallait donc pas le tuer.

Il haletait sous l'entassement dur,
ayant autour de lui la fureur du
tonnerre et du vent.

Mais, voici, il sentit comme une
grande langueur qui lui montait des
jambes, lui gagnait la poitrine, en-
veloppait sa tête moins douloureuse.
Il avait encore des hoquets d'où jail-
lissait du sang, mais ils étaient plus

rares et le faisaient moins souffrir;
il éprouvait une espèce de calme
déjà très profond, peut-être parce
qu'il était au commencement de dormir pour toujours, et il n'entendait
plus que vaguement, comme un
bruit qui vient de très loin, le fracas
de la tempête. Puis, ce bruit-là même,
il cessa de l'entendre; il aurait pu
croire qu'il était couché dans son lit,
tant les pierres à présent lui semblaient molles sous sa chair, tant il
se sentait bercé dans un languissant
bien-être.

Ainsi que dans un rêve, il crut
se revoir au bord de la rivière, près
du pont, jouant avec le petit Blas
dans les fleurs du jardinet.

Oui, le petit Blas était là; oh! il
sentait bien qu'il avait sur les

genoux son joli petit Blas. Mais l'enfant n'était plus un enfant : il avait un corps plus brillant qu'une grande étoile, avec des ailes blanches, comme en ont les séraphins.

Le petit Blas lui dit :

— Maintenant que je suis au ciel, je sais beaucoup d'histoires, et c'est moi qui t'en conterai, si tu veux. La fin de ton beau conte, où il y avait un enfant sans oreilles, et un chien noir qui fumait sa pipe, la fin de ce beau conte, tu ne la savais pas ? Eh bien écoute grand-père, je vais te la dire, moi. Quand le petit Guignonet se trouva dans la prison, parce qu'on l'accusait d'avoir volé, il fut d'abord bien triste, comme tu l'es maintenant. Lui aussi, il n'avait fait que du bien et tout le monde était contre lui à

cause du bien qu'il avait fait. Mais
pendant qu'il se désolait, pendant
qu'il se croyait perdu, voilà que le
chien noir qui fumait sa pipe entra
dans le cachot et, tout en fumant sa
pipe, il dit : « Guignonet, tes épreuves sont finies. Le mendiant sur la
route qui t'a rendu ton sou avec de
mauvaises paroles, c'était moi; c'était
moi, la poule dont tu as cassé les
œufs en croyant lui porter secours;
le corbeau aux grandes ailes, et le
nain et les gendarmes, c'était moi
encore; mais je ne suis pas un chien
noir qui fume sa pipe, je suis une
fée, une bonne fée. Regarde-moi. »
Alors, dans la prison qui n'était
plus une prison, mais un jardin
éclairé par des fleurs lumineuses,
Guignonet vit une belle dame avec

des cheveux en or, qui était tout ha-
billée de soleil et qui avait à la main
une baguette en diamant. « Guignonet, dit-elle, tu as résisté à toutes
les épreuves, tu ne t'es pas révolté
contre les injustices : maintenant
réjouis-toi, car tu es dans le jardin
céleste ou tu joueras éternellement
avec les petits anges de ton âge. »
Quand elle eut parlé ainsi, la fée
disparut. Guignonet vit venir à lui
une troupe d'enfants si beaux, qu'il
n'aurait pas cru qu'il en existât de
pareils ; ils lui proposèrent de venir
s'amuser avec eux ; et il n'y a rien
de plus plaisant que de jouer aux
quatre coins dans le jardin du
paradis.

C'est ainsi que le petit Blas, chérubin aux ailes blanches, parlant au vieux Blas sous les décombres rocheux, acheva l'histoire du « petit garçon qui n'avait pas d'oreilles et d'un chien noir qui fumait sa pipe. »

Alors le pauvre homme, comprenant qu'il y a une justice et un bon Dieu, mourut sans douleur sur le dur lit de pierres, en serrant contre son cœur le petit Blas, qui était un petit ange à présent ; le grand-père avait hâte d'entendre les belles histoires que l'enfant lui raconterait à son tour dans le jardin du ciel, tout à l'heure.

LE BONNET DE LA MARIEE

LE

BONNET DE LA MARIÉE

———

OI, dit Rose Mousson, après avoir soufflé sur le bord de son verre, où le champagne se creusa en une courbe blanche et eut l'air d'une petite vague écumeuse qui va retomber, moi, ce qui m'a perdue, c'est le bonnet de la mariée.

Grasse et ronde, toute rose, décolletée, les bras nus — plus de peau que d'étoffe, — elle pouffait de rire en disant cela. Mais il y avait dans ses jolis yeux clairs, adoucis, je ne sais quelle langueur qui rêve un peu, et comme un attendrissement vague, jeune, ingénu.

Nous la regardâmes, ébahis.

Quel bonnet ? Un bonnet de mariée ? Est-ce que les mariées portent des bonnets, fussent-ils de fine soie avec des boutons de fleurs d'oranger parmi des feuilles de malines ? Et elle disait que ce bonnet l'avait perdue ? Niaiserie, ou griserie. Cette petite Mousson, trois verres de champagne, et voilà sa tête à l'envers.

Elle reprit dans un rire plus vif :

— D'abord, je ne vous dis pas que c'était vraiment un bonnet. Peut-être même cela n'y ressemblait-il pas du tout, malgré la dentelle et les entre-deux. Imaginez ce qu'il vous plaira. J'aime à être convenable, et je le suis. Ce qui est certain, c'est qu'à l'heure qu'il est, au lieu de manger du pâté de foie gras qui me trouble toujours l'estomac et de rire avec un tas de gens qui ne me troublent plus le cœur, je serais en train, comme une bonne petite bourgeoise, de dormir tranquillement, bercée par le ronflement de mon mari, ou de surveiller le sommeil d'un mioche endormi sous les mousselines d'un berceau, si je n'avais pas eu confiance en ce maudit bonnet-là !

Sans nul doute, Rose Mousson

voulait raconter une histoire ; ce
soir-là, précisément, on s'ennuyait
fort ; on écouta, en pensant à autre
chose. Lisez comme nous écou-
tâmes.

« Vous autres qui vous contentez
de ce que nous sommes — et je ne
vous en fais pas mon compliment !
— vous ne vous inquiétez guère de
ce que nous étions autrefois ; vous
vous figurez peut-être que nous
avons toujours eu des robes de deux
mille francs, et que, si nous avons
été en nourrice, ç'a été au café Anglais. Erreur. Il y a des commen-
cements. Les fleurs les moins rares,
celles même que tout le monde res-
pire, ont été des boutons. Les filles

ont été des petites filles. Tenez, la grande Clémentine, là-bas, qui a toujours envie de s'en aller parce que ses chevaux pourraient prendre un rhume en l'attendant à la porte, marchait à quatre heures du matin dans les rues, un petit balai sur l'épaule, derrière sa mère qui portait un balai plus grand ! Ne dis pas non, mon concierge t'a reconnue l'autre jour. Moi, c'est différent. J'ai reçu de l'éducation. On m'a appris l'orthographe. A présent, quand j'écris, je fais des fautes pour ne pas avoir l'air de poser. Mais je m'exprime bien quand je veux, hein ?

Papa et maman — des gens honnêtes, avec de petites rentes, — m'avaient mise dans un couvent. Une très grande vieille maison, des arbres, puis des murs. Comme je ne m'appelais pas Mousson et que personne ne pouvait deviner que je prendrais ce nom-là un jour, j'avais pour amies tout ce qu'il y avait de mieux dans le couvent en fait de pensionnaires. Des filles de banquiers, des filles de marquis! Enfin, de jolies connaissances. Il y en avait une surtout qui m'adorait : Adèle, Adèle de Lamprade. Les deux sœurs, voilà ce que nous étions. Qui voyait l'une, voyait l'autre. Quand on nous cherchait, on était bien sûr de nous trouver ensemble dans quelque coin du jardin, assises au pied d'un arbre, et nous racontant tout bas des histoires, des histoires à n'en plus finir. Si bien que j'étais très contente, moi, au couvent, et que je n'aurais pas

demandé mieux que d'y rester toujours, si je n'avais pas eu — toute
petite, quatorze ans, — une envie
de me marier, oh ! mais une envie!

Car, voyez-vous, il faut que je
vous le dise, les jeunes filles honnêtes sont très honnêtes, ça, c'est
vrai, mais il y a des moments où
elles ressemblent joliment à celles
qui ne le sont pas. Les cocottes qui
commencent, qui n'ont encore que
des robes de quatre sous, passent
leur temps à songer qu'il existe des
théâtres, de beaux cafés et surtout
des bals, de grands bals sous des arbres de zinc et sous des girandoles
de verres blancs, où viennent des
messieurs très chics, des étrangers,
des Anglais, des Russes. Si on pouvait aller là, comme les autres, avec

des toilettes, on trouverait peut-être quelqu'un de très convenable qui serait bon pour vous, ne regarderait pas à la dépense. Eh bien, les demoiselles sages ont des idées dans ce genre-là... avec des différences. Le monde qu'elles rêvent, c'est un Mabille où l'on trouve des maris.

Dans le couvent où j'étais, on pensait tellement au mariage, et celles qui n'étaient pas très jolies ou pas très riches avaient une si belle peur de coiffer sainte Catherine, que c'étaient, la nuit et le jour — la nuit surtout, — des prières à nos patronnes et des vœux à la bonne Vierge, pour être sûres de trouver un mari dès qu'on rentrerait chez ses parents.

On s'avisait aussi d'un autre moyen, bien meilleur.

Vous ne savez peut-être pas une chose : c'est que rien ne porte bonheur pour le mariage comme d'avoir à soi le bonnet qui a coiffé une jeune personne pendant la nuit de ses noces. Nous le savions, nous ! Et la chose était certaine, il ne fallait pas dire non. On citait vingt exemples. Des filles très laides et très sottes, sans le sou — on se souvenait d'elles, on disait les noms, — avaient été épousées quinze jours après leur entrée dans le monde, uniquement parce qu'elles avaient possédé l'un de ces bonnets.

Vous imaginez si l'on avait envie d'en avoir, de ces amulettes-là ! Aussi, la convention était faite et jurée entre amies : celle qui se marierait la première ne manquerait pas de donner à l'autre le précieux porte-bonheur; quand Adèle de Lamprade quitta le couvent, je me jetai à son cou toute pleurante et je lui dis à l'oreille : « Oh! tu m'enverras ton bonnet, dis? »

Elle me l'envoya !

Il était joli, très joli. Fait d'une mousseline transparente, garni de dentelles, pas très long, à manches courtes, un peu décolleté..... »

Nous interrompîmes Rose Mousson. Ce n'était pas un bonnet qu'elle nous décrivait-là! Un bonnet n'a pas de manches, un bonnet n'est pas décolleté.

— Vous êtes des imbéciles ! s'écria-t-elle en se renversant sur le dossier de sa chaise. Je vous dis que c'était un bonnet, et le plus joli du monde, bien qu'un peu fripé ; mais il n'en valait que mieux.

« J'étais absolument sûre de me marier maintenant ! Aussi, ma foi, dès que je fus de retour dans ma famille, je me conduisis avec une parfaite impertinence, et je fus coquette avec tout le monde. Qu'avais-je à craindre ? Je pouvais sourire à celui-ci, laisser un peu longtemps ma main dans la main de celui-là ; aucune imprudence ne devait me nuire, puisque j'avais le bonnet. Je fus de plus en plus folle ;

si folle qu'une fois je ne refusai pas d'aller, vers dix heures du soir, toute seule, dans le jardin de mon père, avec un petit cousin que j'avais, et qui était venu nous voir pendant les vacances. Il voulait me montrer un nid de rossignol de muraille qu'il avait trouvé dans des pierres, derrière un tilleul. Il prétendait qu'on le verrait bien mieux la nuit.

Il était gentil, mon cousin. Svelte, brun, pâle, des petites moustaches déjà. Il me regardait avec des regards tendres qui m'entraient dans les yeux et me pénétraient jusqu'au cœur doucement, chaudement. Ce que j'éprouvais alors, les fleurs doivent le sentir quand il fait du soleil. Et il disait

des mots divins. Ah! ces paroles-
là, vous ne les savez pas, vous!
moi je les ai oubliées à force d'en
entendre d'autres. Ce soir-là, sous
les branches, elles m'enivraient, et,
pendant que nous cherchions le nid,
je me laissais aller, attendrie, alan-
guie, dans les bras du petit cousin,
qui me serrait plus fort, toujours
plus fort, en baisant par instants
mes cheveux... et qui glissa tout à
coup sur l'herbe! en m'entraînant
avec lui. Car le matin, justement,
il avait plu. Mais cela m'était bien
égal qu'il eût plu, et que mon
cousin eût glissé; et cela me fut bien
égal aussi d'être grondée par mon
père quand nous rentrâmes, bien
tard, au salon. Aucune inquiétude
possible: j'étais sûre que mon amou-

reux m'épouserait, puisque j'avais le bonnet de la mariée. Ah! bien, oui! Huit jours plus tard, le petit cousin s'en alla. Et jamais plus je n'ai entendu parler de lui. Et voilà pourquoi je bois ce soir du champagne avec vous dans cet affreux cabinet rouge et vert où je m'ennuie depuis dix ans, quatre fois par semaine, régulièrement. »

La grande Clémentine éclata de rire.

— Des bêtises, les superstitions, dit-elle. Tu vois à quoi il t'a servi, le bonnet.

Mais Rose Mousson répondit, avec une jolie gravité que nous ne lui connaissions pas, une gra-

vité d'enfant qui défend son jou-
jou :

— Il ne faut pas rire de cette
chose-là. Moi, d'abord, j'y crois, j'y
crois toujours. On ne se trompait
pas au couvent. Quand on a un
bonnet de mariée, on est sûre de se
marier bientôt. Seulement, il y a
bonnet et bonnet.

— Qu'est-ce que tu veux dire ?
demanda Clémentine.

— Ecoute. Après la fuite de mon
cousin, je m'en allai voir Adèle de
Lamprade et je lui racontai mon
histoire. Elle se mit à fondre en
larmes, la pauvre amie, en s'écriant :
« Je comprends tout, oh ! je comprends tout. » Je faillis la battre !
Sans doute, elle m'avait trompée,
elle ne m'avait pas envoyé son bon-

net de nuit de noce, elle m'en avait
envoyé un autre ! « Oh ! non, non,
me dit-elle en rougissant ; c'était
bien celui-là, mais, comprends, le
soir, avant de m'épouser, — mon
mari me l'avait ôté ! »

LES TROIS BONNES FORTUNES

LES

TROIS BONNES FORTUNES

'UN geste vif, avec un air qui se décide, Mme de Ruremonde ferma son éventail ; et il s'envola de sa joue, dans le vent des feuilles repliées, une vague nuée de veloutine, qui monta, monta, redescendit, et s'arrêta, légère, éparpillée, aux frisons roux, tout près des yeux.

— Soit ! dit la rieuse jeune femme aux trois rivaux qui l'adorent infiniment, je consens à me départir de ma barbarie accoutumée. Mais entendez bien ceci : chacun de vous me contera, sans trop mentir, l'une de ses aventures d'amour, et puisque l'eau va aux fleuves, et les millions aux millionnaires, et le bonheur aux heureux, c'est à celui des trois à qui est échue, autrefois ou naguère, la plus précieuse, la plus rare, la plus parfaite bonne fortune, que j'accorderai de baiser, en présence des deux autres, l'ongle rose et cruel de mon petit doigt déganté !

Voici comment parla le plus vieux des amoureux :

Je plains très sincèrement les
hommes qui ne gardent pas, dans
quelque tendre recoin du cœur, le
souvenir d'avoir joué, tout jeunes,
avec de jeunes demoiselles, aux jeux
innocents, le soir, dans le jardin
étroit d'une petite maison de pro-
vince! Car ils n'ont pas connu l'ex-
quise puérilité des amourettes à la
fois naïves et sournoises, des con-
sentements qui ne savent à quoi ils
consentent, des refus qui ne savent
ce qu'ils refusent, des petites dou-
leurs qui pleurent, des petites bou-
deries qui rient ; car ils ignorent le
plaisir aigu, et comme tranchant,
qui cingle les nerfs, d'entendre des
noms de jeunes filles criés dans de
brusques envolées de joie par
d'autres jeunes filles, et le charme

de miauler « miaou » devant une
porte à demi fermée quand la chatte,
derrière le battant, est un ange, et
le tremblant délice de baiser, entre
les barreaux d'une chaise, parmi les
regards qui se moquent ou qui
envient, toute la rougissante pudeur
des vierges sur la joue d'une enfant
qui veut bien !

Une fois, nous convînmes d'un
jeu nouveau ; il s'agirait de trouver
une rose que Lucienne — Lucienne,
ma préférée ! — aurait cachée sur
elle, dans sa robe ou dans ses cheveux.

— C'est fait ! me cria-t-on.

Eh bien, je ne découvris point
la rose. Vainement, je fouillai —
oh ! avec quel désir de ne pas trouver trop vite ! — les poches longues

de la jupe, où, dans les plis du mou-
choir, se heurtaient un dé et un
étui à aiguilles; vainement j'osai,
du bout du doigt, écarter un peu le
col étroit de toile empesée, qui met
une ligne vermeille dans la blancheur du cou; vainement je soulevai,
du souffle plutôt que de la main, les
pâles bandeaux blonds et doux pour
voir si la petite fleur n'était pas
cachée dans la petite oreille : je ne
découvris pas la rose ! Je frappais
du pied, je me mordais les lèvres.
J'étais à la fois plein d'humiliation
et de désespoir; car ils se moquaient
de moi, les autres, et le prix de la
trouvaille eût été un baiser de
Lucienne !

Furieux d'avoir dû « donner ma
langue au chat », je me retirai

au fond du jardin ; j'allais, venais, maussade, sous la charmille toute traversée de lune.

Mais Lucienne s'esquiva et s'en vint me rejoindre.

— C'est que vous avez mal cherché, dit-elle en ouvrant sa divine bouche rouge, où la fleur s'épanouissait comme dans une autre fleur à peine plus grande.

Et elle ne me défendit pas de cueillir avec les lèvres, entre la neige de ses dents, la délicieuse rose tout humide d'une ineffable rosée.

— La bonne fortune est jolie et fraîche comme un bouquet de campanules des champs. Mais qui n'entend qu'une clochette n'en-

tend qu'un son, dit Mme de Ruremonde.

Le second amoureux racontacette
histoire :

Tandis que du fond d'une bai-
gnoire, derrière la claque retentis-
sante, jevoyais, lesoirdela première,
les personnages créés par ma fan-
taisie vivre et se mouvoir dans la
réelle chimère de la scène ; tandis
que mes vers, — ces vers écrits
dans la fièvre des nuits heureuses !
— sonnaient leurstriomphalesrimes
parmi le grand silence qui approuve
ou la furie des applaudissements, je
ne songeais pas à mon œuvre, non,
ni au succès, ni à la gloire ! Toutes
mes pensées, tous mes sens, toutes

mes forces vitales, convergeaient
vers l'extraordinaire et magnifique
comédienne, par qui mon drame
devenait la vie, par qui ma parole
devenait un chant. Aux répétitions,
elle ne m'avait guère satisfait; même,
nous nous étions, parfois, assez vi-
vement querellés ; c'est à peine
si j'avais vu qu'elle était séduisante,
et si belle ! Mais là, dans la chaude
apothéose du théâtre, traînant sa
robe de brocart d'or avec un bruit
sonore de longues périodes, riant
des rires rouges qui veulent des
baisers, levant de beaux bras nus
qui imposent la caresse, grande,
grasse, blanche, avec des rougeurs
de sang soudain sous la neige vivante des épaules et de la gorge,
elle était bien, dans la splendeur des

criminelles amours, la formidable
courtisane italienne des temps anciens, telle que je l'avais pensée, la
femelle héroïque des cardinaux et
des papes. Je l'aimais, moi aussi,
comme le héros de mon œuvre, je
l'aimais, je l'aimais ! La lumière
de sa beauté, au fond de la loge
obscure, m'inondait, m'éblouis-
sant, et je m'enivrais, malgré la
distance, de violentes senteurs de
chair, comme un homme qui four-
rerait et roulerait sa tête dans
un bouquet de femmes. Quand
la toile tomba, je m'enfuis. Je me
souciais bien d'entendre les accla-
mations glorieuses dont mon nom
fut salué ! Et je ne montai pas sur
le théâtre. Si j'étais entré dans le
foyer, si j'avais vu, de près, l'admi-

rable comédienne qui avait réalisé
mon rêve de poète, l'adorable femme
qui me l'avait fait oublier, je me
serais élancé vers elle, je l'aurais
embrassée, enlevée, emportée! Fou,
je craignais d'être ridicule, et ab-
surde. Je courus à travers les rues,
sans savoir où j'allais. L'enlacement
dont elle avait étreint, pendant
qu'il rendait l'âme, le jeune homme
amoureux de la pièce, je l'avais autour du corps, comme une ceinture
vivante et acharnée, dont rien dé-
sormais ne me délivrerait. Il y
avait des étoiles au ciel? non, ses
yeux ! et toute la furie des passions
qui avaient jailli de ses prunelles,
qui s'étaient projetées, éperdues,
dans l'emportement de ses gestes,
qui avaient délicieusement râlé

dans sa mourante voix, me pour-
suivait, me talonnait, me rejoignait,
me saisissait avec des rudesses de
mains qui vous empoignent aux
épaules. Enfin, je rentrai chez moi,
tout plein et tout enveloppé d'elle.
Je remarquai, surpris, que la porte
de mon appartement était ouverte ;
et, à peine avais-je franchi le seuil,
que je la vis, elle, là, m'attendant
dans son royal costume de courtisane romaine, et que, dans un écar-
tement lumineux de brocart d'or,
elle me mit autour du cou l'impé-
rieuse caresse de ses brûlants bras
nus !

— Voilà une belle aventure ! dit
Mme de Ruremonde ; puisque vous

avez eu la rare fortune de posséder,
dans une femme, l'incarnation de
votre rêve. Je ne cache pas que
vous avez quelque chance de gagner
le prix convenu.

Le dernier des rivaux fit ce conte :
« Dès que je fus assis dans le wa-
gon, je demeurai sous le charme. A
côté d'un homme gras et doux, tran-
quille — son mari évidemment, —
une jeune femme tout en noir lisait,
avec une attention qui pense à autre
chose, le roman d'une revue. Une
bourgeoise, certes, car aucune sin-
gularité ne pimentait la modestie
de sa toilette; les gants des
longues mains — des gants de
Suède, gris, — n'avaient que deux

ou trois boutons; la voilette, ni trop ni trop peu baissée, laissait voir deux fines lèvres, à peine roses, qui ne s'entr'ouvraient pas, sévères. Mais tout le ciel — le ciel tel qu'il nous apparaît à seize ans, bleu pâle, où passent des volées d'anges, — était visible, adorablement, derrière la dentelle, dans ses yeux. Je sentis soudainement que j'étais en présence de celle que j'avais toujours espérée sans la rencontrer jamais, de celle que, rencontrée enfin, j'aimerais éternellement. Et, quelque chose d'analogue à ce que j'éprouvais, elle l'éprouva. Ne me croyez point, j'y consens ! moquez-vous, moquez-vous ! Je vous dis que, nos regards s'étant rencontrés, il y eut dans les siens un éveil pareil à celui

que produit l'entrée d'un flambeau
dans la pénombre d'une chambre ;
et, sans qu'elle se fût détournée un
instant, sans qu'elle eût essayé de
lutter contre un charme trop fort,
la tendre résignation d'un sourire
qui ne quitta plus ses lèvres enfin
entr'ouvertes m'avoua qu'elle accep-
tait sa destinée. Quand son mari, à
la dernière station, descendit pour
demander à quelle heure le train
arriverait à Bruxelles, je pris les
mains de la jeune femme ; elle
ne les retira point ! et, simple-
ment, presque à voix haute, elle me
dit, sans que j'eusse parlé : « Je se-
rai demain matin, à dix heures, à
l'église de Sainte-Gudule. » Je ne lui
répondis même pas. Elle savait tout
ce que j'aurais pu répondre. Oh !

qu'elle fut douce, la dernière heure
du voyage, pendant que, l'homme
gras et doux s'étant endormi, nous
nous regardions, vaincus, extasiés,
les yeux dans les yeux ! Qu'elle fut
délicieuse aussi, la nuit qui précéda
l'instant où je devais la revoir à
l'église ! Ma vie recommençait. Rien
de ce qui avait existé n'existait. Le
souvenir même était aboli. J'aimais
pour la première fois ; et je bâtissais
les féeries de mille songes. Cette
femme, si pareille à mon suprême
idéal, que le destin compatissant
m'offrait, je l'emporterais loin, très
loin, charmé, charmée, et nous
connaîtrions, sur les bords de quelque fleuve, dans une maisonnette
où grimpent des fleurs et des
oiseaux, la solitude parfaite du

silencieux amour. Bien avant l'heure indiquée, je l'attendais à l'église. Qu'elle ne vînt pas, c'était la seule idée que je ne pouvais pas avoir. Est-ce qu'elle ne s'était pas promise dans le premier regard? Est-ce qu'elle ne s'était pas livrée dans la première parole? J'avais sur les lèvres le baiser qu'elle ne m'avait pas donné. Cependant elle ne venait point. Je regardais une à une les femmes qui entraient dans l'église: elle ne venait pas, elle ne venait pas! Quand, de retour à l'hôtel, je m'informai des voyageurs qui, la veille, étaient arrivés en même temps que moi, j'appris que le mari, par un caprice, ou par quelque jalousie, avait voulu repartir dès le matin; et depuis, hélas! je

ne l'ai pas revue, je ne l'ai jamais
revue ! »

Les deux rivaux du dernier conteur éclatèrent de rire.

— La plaisante bonne fortune, en
vérité ! C'est une assez piètre aventure d'amour qu'un rendez-vous où
l'amoureuse ne vient pas.

Mais Mme de Ruremonde, d'un
geste, leur imposa silence.

— Vous avez été heureux, certes,
vous qui avez baisé entre des dents
de neige la fleur des enfantines
amours, et vous qui avez embrassé
votre superbe chimère ; mais il a
été plus heureux encore, celui qui,
ayant, pendant une heure, éperdû-
ment aimé, n'a pas connu cette irré-

médiable tristesse : la réalisation de son rêve.

Et ce fut au troisième conteur que Mme de Ruremonde, entre deux valses, accorda la rare et chère gloire de baiser, en présence des deux amants vaincus, l'ongle rose et cruel de son petit doigt déganté.

TABLE DES MATIÈRES

ACHEVÉ D'IMPRIMER

le 6 juin 1882.

PAR A. LEFÈVRE, A BRUXELLES

POUR

Henry KISTEMAECKERS, Editeur

à Bruxelles.